夢か現実か 日本の自動車工業 １

世界と日本の自動車工業の歴史を調べよう！

監修・**鎌田実** 日本自動車研究所 所長
著・**稲葉茂勝** 子どもジャーナリスト
編・**こどもくらぶ**

©Norbert Schnitzle

はじめに

　最近、「空飛ぶクルマ」という言葉をよく聞きます。「空飛ぶクルマ」は2025年開催の大阪の万博会場で運航することになっています。
　夢のある話ですね。でも、それは「クルマ」というよりヘリコプターに近い存在といった方がよいかもしれません。まるで映画やアニメの世界の乗り物のようです。人類の夢のひとつの実現ですね。
　一方、日本の自動車（四輪車★）生産台数を見ると、1990年代から減少傾向ですが、2022年は780万台と、アメリカ、中国に次ぐ世界第3位の生産国です。
　また、2022年の自動車関連の輸出額は前年より17.4％増の17兆2700億円で（主要商品輸出総額の17.6％）、自動車関連産業の働く人たちの数は554万人にのぼっています（日本自動車工業会★による統計）。このように自動車工業は、日本のあらゆる産業のなかで、いまなお大きな割合を占め、日本経済をささえる重要な地位にあります。

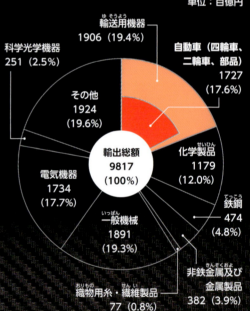

●2022年の主要商品別輸出額
単位：百億円

★のついた言葉はp30の用語解説で説明しています。

　自動車（クルマ）は、わたしたちにとって、とても身近な存在です。近年は、安全に関する技術が大きく向上し、ハンドルを持たなくても運転できる技術も実用化されました。二酸化炭素を出さない、環境にやさしいクルマも増えてきました。バリアフリー＊などの「福祉車両」もどんどん活躍しています。

　このシリーズでは、そうした日本の自動車工業がどのようにして大きく成長してきたのか？　日本の経済をささえてきているのか？　などを見ていきます。

　一方で、今後、日本の自動車工業がどうなっていくのか？　自動車工業の未来が日本経済に対し、また、日本という国とわたしたちのくらしにどんな影響をあたえるのか？　みなさんと一緒に考えていきたいと思います。

　もとより「クルマ」とは、「軸を中心にして回転する仕組みの輪：車輪」のこと。現在は、自動車を「クルマ」とよんでいますが、明治・大正時代には人力車が、もっと前には、牛車が「クルマ」とよばれていました。

　このように、時代とともに大きくかわってきた「クルマ」の未来について、みんなで想像していきましょう。楽しみながら！

　なお、このシリーズは、次の6巻で構成してあります。この本は1巻です。

①世界と日本の自動車工業の歴史を調べよう！
②現代の国際社会における日本の自動車工業
③見てみよう！　日本の自動車の仕組みと工場
④人や物をのせるだけではない！　自動車の役割
⑤いま日本の自動車工業がかかえる課題とは？
⑥日本の自動車工業からは目がはなせない！

　もう一言。日本の自動車工業の「これまで」と「これから」を考えるということは、日本のものづくりの技や精神、最新の科学技術、技術革新（イノベーション）、また、さまざまな社会問題、環境問題、福祉問題について、そして、日本がまもなく突入するSociety 5.0＊の社会について考えることになります。

　この意味からも、このシリーズをしっかり読んでほしいと願っています。

こどもくらぶ

＊内閣府によると、「Society 5.0」は、狩猟社会（Society 1.0）、農耕社会（Society 2.0）、工業社会（Society 3.0）、情報社会（Society 4.0）に続く新たな社会のこと（第5期科学技術基本計画、2016年1月22日閣議で決定）。「Society 5.0」の定義は、「サイバー空間とフィジカル空間を高度に融合させたシステムにより、経済発展と社会的課題の解決を両立する人間中心の社会」。ただし「〇〇社会」とまとめる言葉はない。

- ■世界初の自動車 ……………………………………………………………………… 6
- ■蒸気自動車は蒸気機関車より先だった　もっとくわしく！　産業革命 ………… 7

2 蒸気自動車の次は？
- ■蒸気自動車の問題点 ………………………………………………………………… 8
- ■イギリスの特殊な事情　■電気自動車の登場 …………………………………… 9

3 ガソリンエンジン自動車の誕生
- ■ダイムラーやベンツも …………………………………………………………… 10
- ■現在の自動車技術の基礎が完成　もっとくわしく！　世界初の自動車レース …… 11

4 ガソリンエンジン自動車の発展
- ■手作りから量産へ　■フランスからアメリカへ ……………………………… 12
- もっとくわしく！　「自動車工業」という言葉
- ■アメリカの自動車工業　もっとくわしく！　フォードシステム ……………… 13
- ■世界の自動車メーカー …………………………………………………………… 14
- もっとくわしく！　ヨーロッパの自動車メーカーの競争 ……………………… 15

5 自動車大国アメリカの誕生
- ■アメリカがリードした自動車の世紀　もっとくわしく！　自動車のまち　デトロイト … 16

アメリカの３大自動車会社 ……………………………………………………… 17

6 日本のはじめての自動車
- ■山羽虎夫の「山羽式蒸気自動車」……… 18
- ■輸入車が活躍　■海外メーカーの工場が日本に……… 19

7 国産自動車への挑戦
- ■新たな国産自動車……… 20
- ■戦争の足音とともに……… 21

8 日本の自動車会社の創業
- ■おもな自動車会社の創業……… 22

9 黄金時代をむかえるアメリカ
- ■豊かさや強さの象徴・キャデラック……… 24
- ■ビッグスリーの実力　もっとくわしく！　アメリカ自動車工業のかげり……… 25

10 戦争に敗れたドイツやイタリア
- ■ドイツは早くも……… 26
- ■日本も自動車生産が解禁される……… 27

数字で見る当時の自動車工業……… 28
- 用語解説……… 30
- さくいん……… 31

キュニョーがつくった蒸気自動車の模型。
大砲を運んだことから、砲車とよばれた。
（©Roby パリ工芸博物館展示）

1 世界の自動車のはじまり

「クルマ（自動車）」は、わたしたちの生活になくてはならない工業製品です。人や物の輸送ばかりでなく、現代社会の生産、生活のすべてに深く結びついています。この本のはじめは、自動車そのものの歴史から見ていきましょう。

世界初の自動車

　18世紀のことです。日本はまだ江戸時代。フランスでは、1769年、ニコラ＝ジョゼフ・キュニョーという技術者が蒸気で走る三輪の自動車を開発。現在、「自動車」は「車輪を回転させ、路上を走る車」と定義されていますが、その定義に合う装置が、産業革命（→右ページ）前夜に人類史上はじめて登場したのです。

　この人類初の自動車で車輪を回転させたのは、蒸気の力でした。大きな釜（ボイラー）で水をわかし、蒸気を発生させ、蒸気の力で車輪を回転させます。その回転を利用して、自らの車体を動かしました。その自動車は、大砲を運搬するためにつくられたもの。重くて大きな車体でした。時速10km以下だったと推測されています。

　蒸気は、ボイラーと一体となっている火室で石炭を燃やすことでつくりだしました。すなわち、人類最初の自動車は「蒸気自動車」！

蒸気自動車は蒸気機関車より先だった

ジェームズ・ワットというイギリス・スコットランドの発明家が、それまでの蒸気機関の改良に成功したのが、1769年。蒸気船は1783年、蒸気機関車が登場したのは1804年のことでした。ワット自身もこの間、キュニョーの自動車を改良し、本格的な蒸気自動車を開発していました。

こうして19世紀に入ると、それまでの馬車にかわって、蒸気自動車が人や荷物を運ぶ時代が到来。蒸気バスも登場。蒸気機関車が鉄道を走り、川には蒸気船が往来したのです。まちのあちこちに蒸気機関を利用したさまざまな工場ができ、活気に満ちていました。

時代は、工業社会（Society 3.0）に突入。そのきっかけはイギリスではじまった産業革命でした。

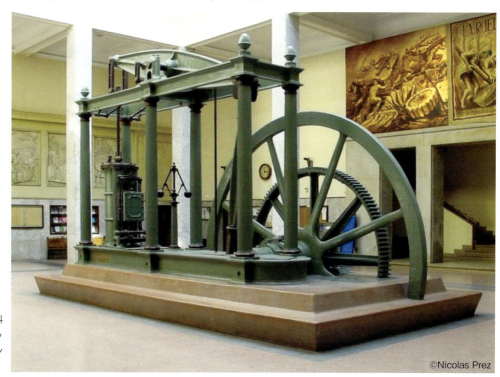

スペイン・マドリード工科大学に展示されているワットの蒸気機関（ビームエンジン）のモデル。

もっとくわしく！

産業革命

「産業革命」とは、18世紀後半にイギリスではじまった、技術革新による産業・経済・社会の大改革をさす言葉。イギリス（スコットランド）の機械技術者ジェームズ・ワット（1736—1819年）が、蒸気の圧力を利用して動力を得る蒸気機関を発明。当時の社会は、それまでの手工業中心の工場が機械制の大工場に発展するなど、劇的に変化。まもなくこの産業革命は、イギリスから世界に広がった。結果、人類の社会は、産業革命により、農耕社会（Society 2.0）から工業社会（Society 3.0）に移行（→p3）。

1807年、アメリカのハドソン川で乗客を乗せて試運転に成功した外輪型蒸気船「クラーモント号」。

蒸気自動車の次は？

蒸気自動車が進歩する一方、電気で動く自動車も登場します。現在、環境問題などで注目されている電気自動車は、意外にもガソリンエンジン自動車より早く開発されたのです。

蒸気自動車の問題点

蒸気自動車は、人工の動力で走る（馬など動物の力をかりずに走る）人類初の乗り物となりながら、その後、あまり発達しませんでした。その理由として、次のことがあげられます。

- ボイラーを大きくじょうぶにするため重量が重い
- ボイラーを燃やす石炭と、水蒸気にするための水を備える場所が必要

それでも蒸気機関を発展させたイギリスでは、蒸気自動車の研究・開発がおこなわれ、19世紀に入ると、乗合自動車が実用化されました。まもなく「馬なし馬車」とよばれるようになりました。イギリス各地を結んだ定期運行もはじまりました。

ところが、乗合自動車に乗客をうばわれた乗合馬車の関係者から反対されたり、騒音やばい煙★などが問題になったりしたため、交通手段としての蒸気自動車の発展が見込めなくなりました。

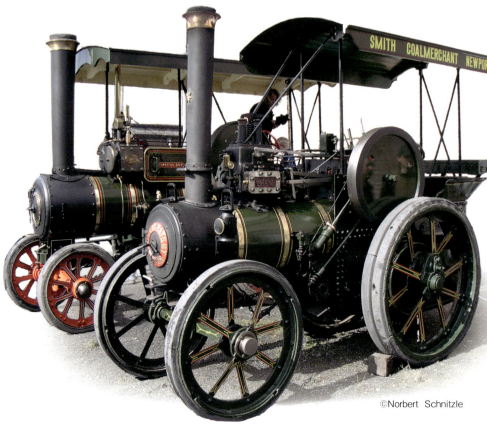

©Norbert Schnitzle

手前は、イギリスのウォリス&スティーブンズ社製の蒸気自動車「レナ号」。写真は、ドイツの産業博物館で開かれた第5回蒸気自動車フェスティバルにて撮影されたもの（2007年）。

イギリスの特殊な事情

イギリスでは、蒸気自動車を製造していた会社は、のちに農耕用トラクターや工事用のローラー車などをつくるようになり、蒸気自動車はかなり広く普及していきました。

ところが、このことが、後述する電気自動車やガソリンエンジン自動車がイギリス国内で広まることをおくらせたといわれています。実際、その当時、ガソリンエンジン自動車の普及はフランスなどから数十年はおくれていました。いち早く工業社会（Society 3.0）に入ったイギリスで自動車工業が出おくれていたのは、ふしぎです。

蒸気機関を用いたローラー車。道路建設の際に地面を平らにするために使用された。写真は、左ページと同じく、蒸気自動車フェスティバルで撮影されたもの。

©Norbert Schnitzle

電気自動車の登場

電気自動車は、モーターによる動力で走ります。電気を供給する電池が1777年に、また、モーターが1823年に、それぞれ発明されました。その50年後の1873年には、イギリスで電気式四輪トラックが実用化されていたのです。電気自動車は、蒸気自動車に比べてはるかに軽量で、スピードも増しました。

「ジャメ・コンタント号」というフランスの電気自動車は、世界ではじめて時速100kmをこえるスピードで走りました。1899年には、時速105.9kmの記録をつくりました。

弾丸の形をした「ジャメ・コンタント号」。

3 ガソリンエンジン自動車の誕生

蒸気自動車と電気自動車に続いて、いよいよガソリンエンジンで動く自動車が登場しました。それは、19世紀後半のドイツでのことでした。そこには、いまでは世界的に知られる自動車メーカーの名前がありました。

ダイムラー（左）とベンツ（上）

ダイムラーやベンツも

1885年、ゴットリープ・ダイムラー（1834―1900年）という技術者がガソリンエンジンを開発します。まず、そのガソリンエンジンを二輪車にとりつけました。この二輪車は、史上初の自動二輪車（オートバイ）だと見なされています。そして、翌1886年には四輪車にのせて試走に成功しました。

また、同年、カール・ベンツ（1844―1929年）というエンジンの設計者が、ガソリンエンジンによる三輪車を完成させ、しかも販売をはじめます。

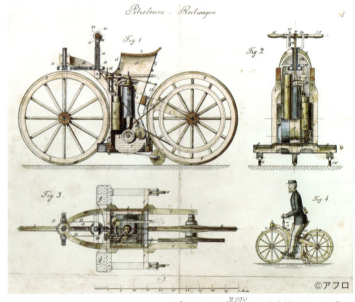

ダイムラーが設計した史上初のオートバイ。

ベンツが1885年に製造したガソリンエンジン三輪車。

ダイムラーのガソリンエンジン自動車第1号。

現在、世界的に有名な「ベンツ」という自動車は、じつは人名だったのです！ダイムラーもベンツも、自動車会社を設立。1926年、その２社が合併。ダイムラー・ベンツ社となり、その後、世界的な自動車メーカーとなっていきました。

ダイムラーとベンツの合併後、最初に「メルセデス・ベンツ」ブランドで生産された車種（1927年）。

「パナール・ルヴァソール（1896年）」の模型。

現在の自動車技術の基礎が完成

ドイツからほんの少しおくれた1891年、フランスでも「パナール・ルヴァソール」というガソリンエンジンで動く自動車がつくられました。エンジンが車体の前方（F：フロント）に設置され、その動力を後ろ（R：リア）の車輪に伝えて走るという後輪駆動方式（FR方式）の自動車でした。また、そのころには、空気入りタイヤが発明され、それまで棒状だった自動車のハンドルが、現在のような円形のものになりました。

こうしたことにより、現在の自動車技術の基礎が、このころにはすでに完成していたといわれています。まもなくガソリン車の技術はどんどん高まっていき、蒸気自動車や電気自動車にかわって、自動車工業の中心の座を占めるようになります。

もっとくわしく！

世界初の自動車レース

世界初の長距離自動車レースは1895年、フランスの首都パリと南西部の都市ボルドーを往復するコースでおこなわれた。そこに登場したのは、ガソリンエンジン自動車15台、蒸気自動車６台、電気自動車１台の合計22台。完走した９台のうち８台がガソリンエンジン自動車で、「パナール・ルヴァソール」がトップでゴールした。ガソリンエンジン自動車がすぐれていることが、このレースで証明された。また、このレースには、はじめてミシュラン*の空気入りタイヤを装着したエクレール号も出場した。

その後、自動車レースがさかんになり、各国、各メーカーが競って自動車技術を開発し、自動車の進歩に大きく貢献していった。

空気入りタイヤを装着したエクレール号を運転するのはミシュラン兄弟。

4 ガソリンエンジン自動車の発展

蒸気自動車がフランスで発明され、イギリスで進化。そのイギリスは、電気自動車も生みだしましたが、ガソリンエンジン自動車を発明させたのはドイツでした。次いで、生産規模が小さかったドイツにかわり、フランスが量産をはじめ、さらに……。

手作りから量産へ

ドイツでガソリンエンジン自動車が登場すると、自動車に関するいろいろな技術開発がさかんにおこなわれるようになりました。でも、1台1台の自動車を時間をかけて組み立ててつくっていたドイツ車は高価で、一般に普及していきませんでした。

1900年、フランスで自動車を量産していこうという動きが起こります。パリにあったド・ディオン・ブートン社が1500台のガソリンエンジン車の生産を開始。世界に先がけて量産をはじめます。

パリのブートン社は、もともと蒸気自動車をつくっていたのですが、1895年からガソリンエンジン車に転向。軽量で信頼性の高いエンジンの開発に成功し、次いで量産体制をつくりあげました。

こうしてガソリンエンジン車の本格的な工業化がはじまりました。

フランスからアメリカへ

フランスで量産されはじめたガソリン車は、アメリカにわたりました。すると、広大な国土をもつアメリカでは、馬車にかわる乗り物として、にわかに注目されます。

まもなくアメリカ国内でも自動車がつくられ、しかも量産がめざされました。

その結果、1901年に「オールズモビル・カーブドダッシュ」というガソリンエンジン車が425台製造されたと記録されています。そして、翌1902年には2500台、1903年に4000台、1904年には5000台、1905年には6500台と、その生産台数はどんどん拡大していったのです。

もっとくわしく！

「自動車工業」という言葉

「自動車工業」とは、自動車の製造に直接かかわっている工業をさす言葉。四輪車だけではなく、自動二輪車（オートバイ）の製造もふくむ。また、自動車を組み立てる企業のことをさすだけでなく、自動車の多数の部品を提供する部品工業なども自動車工業のなかにふくむ。

アメリカの自動車工業

アメリカで自動車の人気が高まるなか、ヘンリー・フォード（1863―1947年）という起業家が、価格がもっと安くなれば、自動車はもっと多くの人びとが乗れるものになると考え、1903年に「フォード・モーター」という自動車会社を設立。1908年には、自分の名前をつけた「T型フォード」を発売しました。しかも、その生産台数は年間1万台に！ フォードは、大量に生産することで生産効率を上げ、生産にかかる費用を下げられると考えたといいます。

1913年、フォード社の工場では、ベルトコンベヤーなどをつかった流れ作業により、一層の大量生産がはじまりました。そうした生産方式は「フォードシステム」とよばれました。

フォード社は1日1000台の生産を実現。自動車の価格はさらに下げられていきました。「T型フォード」は、低価格に加え、運転のしやすさが人気で、アメリカはもとより、世界に広がっていきました。

ヘンリー・フォード（1919年）。

もっとくわしく！

フォードシステム

「フォードシステム」は、ヘンリー・フォードが開発した生産管理の仕組みをさす。製品の種類をできるだけしぼり、ベルトコンベヤーなどの流れ作業により、生産の能率を上げて生産費を下げることができた。同時に、この方式により企業も大きな利益を得られるため、1980年代まで世界の代表的な生産の仕組みとして、自動車工業だけでなく、さまざまなものを製造する工業に広く取り入れられた。

「フォード モデルT」ともよばれ、自動車の大衆化を実現したT型フォード。

世界の自動車メーカー

ここで、自動車の歴史がはじまったヨーロッパの伝統をほこる自動車メーカーについて見てみましょう。

ヨーロッパ

ヨーロッパには、多くの伝統ある自動車メーカーがありますが、世界的規模で自動車の生産をおこなっているのは、フランス、ドイツ、イタリアの次のメーカーです。

ルノー（フランス）

歴史は古く、1898年、ルイ・ルノーが開発したトランスミッション（エンジンによって生まれた動力を調節し、タイヤに効率よく伝えるための装置）を取りつけた三輪車が、それまで自動車では登ることができなかったパリ北部のモンマルトルの丘を登ったことにはじまる。翌1899年には会社を設立し、パリのタクシーを大量受注するなどして成長をとげた。

第二次世界大戦中は、フランスの降伏により、会社は一時ドイツの統制下に置かれたが、戦後は国有化され、再スタートを切った。その後、「4CV」という大衆向けの小型車など、ベストセラーとなる自動車を生み出し、フランスでトップの自動車メーカーへと成長していき、1996年には民営化を果たした。そして1999年、日本の日産自動車との提携をきっかけに、世界市場への進出を加速してきた。

ルノー4CV
©Thomas Forsma

PSAプジョー・シトロエン（フランス）

1896年設立のプジョー自動車と、1919年設立のシトロエン自動車が、1976年に合併してできた会社。プジョーは、後ろ足で立ち上がったライオンのマークで知られているが、ヨーロッパでは主流の小型自動車の開発に早くから取り組んできた。シトロエンは、1934年に世界初となる前輪駆動方式（車体の前方にあるエンジンの動力を前のタイヤに伝えて走る方式・FF方式）の自動車の量産に取り組んだり、1950年に異次元の自動車といわれるようなスタイルとデザインの自動車を発表したりするなど、独創と革新を伝統とした。

プジョーベベ（1913年）

フォルクスワーゲン（ドイツ）

第二次世界大戦前の1937年に、ドイツ国民車準備会社として設立された。一般大衆向けに開発された「フォルクスワーゲン38プロトタイプ」は、戦後になって量産され、「ビートル」の愛称でドイツの国民車となった。そのため、「国民車」を意味するドイツ語が、いまの社名となっている。傘下には、ドイツのアウディ、イギリスのベントレー、イタリアのランボルギーニ、スペインのセアト、チェコのシュコダなどがあり、ヨーロッパ最大の自動車メーカーとして知られる。

フォルクスワーゲン38 プロトタイプ

BMW（ドイツ）

BMWは、「バイエルン発動機製造」という意味のドイツ語 "Bayerische Motoren Werke" の頭文字を取ったもの。本社は、バイエルン州ミュンヘンにある。1916年、航空機のエンジンメーカーとして創業。1923年にはオートバイの製造を開始し、1932年からは自社で開発した四輪車の製造をはじめた。デザインの格調の高さと高性能を売りに、日本市場では、外国車としてフォルクスワーゲンに次いで人気車種が多い。

BMW AM 4（1933年）

©Stahlkocher

ダイムラー（ドイツ）

会社の起源は、1886年にガソリンエンジン車の開発に成功したゴットリープ・ダイムラーとカール・ベンツが、それぞれ設立したダイムラー社とベンツ社。1926年に合併し、ダイムラー・ベンツ社が設立された。高級乗用車メルセデス・ベンツを柱に、バスやトラック、航空機の製造も手がけ、情報産業などにも力を注ぐ。1998年、アメリカのクライスラーとの合併により、ダイムラー・クライスラーとなったが、2007年に合併は解消され、ダイムラーとなった。グループ企業のなかには、日本の三菱ふそうトラック・バスがある。

ダイムラー・ベンツ時代 メルセデス・ベンツ

©Rodolf Stricker

フィアット（イタリア）

イタリア最大の自動車メーカーで、自動車のほかにも、建設機械、農業機械、産業機械などの機械類の生産、エネルギー開発、運輸、出版にまで事業を拡大している。社名（FIAT）は、トリノにあるイタリア自動車製造会社を意味する "Fabbrica Italiana Automobili Torino" の頭文字をとったもの。1899年の創業。アルファロメオやフェラーリなど、イタリアの有名な自動車メーカーを吸収して規模を拡大してきたが、2009年には、アメリカの3大自動車会社のひとつといわれたクライスラーも吸収した。

フィアット500トポリーノ（1936年）

©Supermac1961

もっとくわしく！

ヨーロッパの自動車メーカーの競争

当初、ヨーロッパでもアメリカの「フォードシステム」（→p13）を取り入れた生産がおこなわれた（フランスのシトロエン、ドイツのオペル、イタリアのフィアット、イギリスのオースチンなど）。

1930年代になると、自動車メーカー各社は、国の名誉をかけて自動車製造の技術を競いあった。とくにドイツのヒトラーとイタリアのムッソリーニは、自動車の製造により自国の力を示そうとして、国をあげて自動車メーカーに対して支援をおこなった。この時代、ヒトラーは国民への人気取りを目的に「国民車構想」を打ち出し、1938年に「フォルクスワーゲン38 プロトタイプ」を誕生させた。

戦後、これは量産されて生産台数は2000万台をこえ、世界的な大衆車になった。

5 自動車大国アメリカの誕生

現代社会では、「クルマ」（→p3）がわたしたちのまわりの生産や生活のすべてに深く結びついていて、「自動車」の時代が続いています。ここでは、アメリカの自動車工業の発展について見ていきます。

アメリカがリードした自動車の世紀

　自動車は、フォードシステム（→p13）によってますます低価格を実現し、より多くの自動車がつくられ、市中に投入されていきました。当然、フォード・モーターの「Ｔ型フォード」がその中心でしたが、まもなくフォード・モーターに加えて、ゼネラル・モーターズ（GM）、クライスラーが頭角をあらわしてきました。そして、この3社は、アメリカの3大自動車会社といわれるようになります。3社はミシガン州南東部のデトロイト地域を中心に成長し、アメリカだけでなく世界の自動車工業をリードしていきました。

もっとくわしく！

自動車のまち　デトロイト

　デトロイトは、五大湖の4つの湖に囲まれているミシガン州の南東部に位置する都市。1903年にヘンリー・フォードが量産型の自動車工場を建設し、「T型フォード」のヒットとともに、アメリカで一番の自動車工業都市として発展した。この地域には、ゼネラル・モーターズなど自動車メーカーも多く立地し、「自動車のまち」とよばれるようになった。全盛期の1950年代には人口180万人を数えたが、その半数が自動車産業に関係していた。

T型フォード（フォード モデルT）に対抗して、ゼネラル・モーターズが1915年に発売した「シボレー シリーズ490」。

アメリカの３大自動車会社

アメリカではゼネラル・モーターズ、フォード・モーター、クライスラーの３つの自動車会社が「ビッグスリー（３大自動車会社）」とよばれ、世界の自動車工業を長いあいだリードしてきました。ビッグスリーの各社をまとめてみましょう。

ゼネラル・モーターズ

1908年、いくつかの自動車会社の合併により誕生。略称はGM。フォード・モーターが「T型フォード（→p13）」という一車種を大量に生産しているときに、モデルチェンジによって車種を豊富にすることで対抗し、発展をとげてきた。

いまでは、高級乗用車のキャデラックや、車種が豊富なシボレーなどのブランドで知られる。ドイツの自動車メーカーとして知られるオペルをはじめ、海外に多くのGM傘下の自動車メーカーをもっていた。長年、アメリカの自動車生産の半分ほどを占めていたが、施設や労使関係の近代化のおくれにより、2009年に経営破綻。その後、アメリカ政府の支援を得て、再生を果たした。

キャデラック（1948年）

フォード・モーター

1903年、ヘンリー・フォードにより設立される。1908年、一車種大量生産による低価格を実現した「T型フォード」で成功。1913年には流れ作業による大量生産方式「フォードシステム」を導入し、世界一の自動車メーカーへと発展。そのため、1917年から1926年には、アメリカの自動車生産の半分以上を占めていたといわれている（いまでは乗用車で１割程度）。

フォード・モデル68（1936年）

©Lglswe

クライスラー

1925年、ウォルター・クライスラーが、前年に発表した６気筒*の自動車「クライスラー・シックス」を製造・販売する会社として、自動車会社２社を統合して設立。本社はミシガン州オーバーンヒルズにある。1998年にドイツのダイムラー・ベンツ社に買収され、ダイムラー・クライスラーとなったが、2007年にアメリカの投資会社サーベラス・キャピタル・マネジメントに売却された。2008年には世界金融危機*の影響を受けて経営が悪化。2009年４月に連邦破産法の適用を申請し、経営破綻。政府の支援、およびイタリアのフィアット社との提携により、同年６月に新会社として再生した。だが、2014年にフィアットに買収され、新たに設立されたフィアット・クライスラー・オートモービルズ（FCA）の子会社となった。2021年、FCAとフランスの自動車メーカーの合併により誕生した企業グループ「ステランティス」の子会社となり、ステランティス・ノースアメリカという社名になった。

＊アメリカで住宅市場の悪化によるサブプライム住宅ローン危機がきっかけとなり、投資銀行のリーマン・ブラザーズが2008年に経営破綻し、そこから世界で連鎖的に発生した金融危機。

インペリアル

1955年から1975年まで製造されたクライスラーの高級自動車ブランド。

©Sugarcaddy

日本のはじめての自動車

日本ではじめて自動車が走ったのは、1898（明治31）年のことです。フランスのガソリンエンジン車でした（→p11）。すると、日本でも自動車を製造していこうという動きが起こり、わずか6年後には、国産自動車の試運転がおこなわれました。

山羽虎夫の「山羽式蒸気自動車」

あまり知られていませんが、日本の国産自動車第1号は、岡山市で電機工場を経営していた山羽虎夫が、1904（明治37）年につくった、「山羽式蒸気自動車」でした。一方、ガソリン車の第1号は、東京で自動車の輸入と修理を手がけていた吉田真太郎と機械技術者の内山駒之助が、1907（明治40）年に製造した「国産吉田式自動車」だとされています。

また、オートバイは、1909（明治42）年に大阪市の機械技術者の島津楢蔵によってつくられた「NS号」です。

その後、1916（大正5）年には、福岡県の矢野倖一（当時24歳）が、地元の実業家にすすめられ、丸3年かけて手作りの自動車「アロー号」を完成させました。

1916（大正5）年に完成した手作りの自動車「アロー号」。

1904（明治37）年に、国産自動車第1号として完成した「山羽式蒸気自動車」の模型。

日本初のガソリンエンジン自動車となった「国産吉田式自動車」の模型。ガタクリ、ガタクリと大きな音を立てて走るので、「タクリー号」とよばれた。

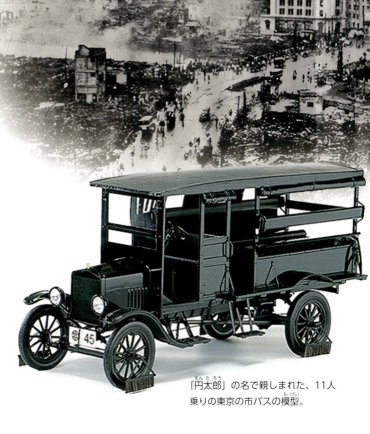
関東大震災で大きな被害を受けた東京。

輸入車が活躍

　大正時代に入ると、自動車によるバスやタクシーの営業がはじまりましたが、それは輸入車によるもの。1919年には、東京市街自動車会社が100台を輸入し、市内バスの営業をはじめます。

　こうしたなか、1923（大正12）年に起きた関東大震災は、東京市（当時）をはじめ、関東地方に甚大な被害をもたらしました。すると、それをきっかけとして、輸入車が改良されて市バスとして運行されたり、復興に必要な資材を運搬するトラックにつかわれたりしました。日本では、国産自動車の活躍はほとんど目立ちませんでした。

「円太郎」の名で親しまれた、11人乗りの東京の市バスの模型。

海外メーカーの工場が日本に

　関東大震災をきっかけに、日本でも自動車が増えましたが、ほとんどが外国から輸入されたものばかりでした。

　日本で自動車の需要が増えたことに注目したアメリカの自動車メーカーは、フォード・モーターが1924（大正13）年に横浜に、次いで1929（昭和4）年にはゼネラル・モーターズが大阪に、自動車の組み立て工場を開設し、生産をはじめました。また、ヨーロッパの自動車メーカーも日本への輸出を強化しました。

ゼネラル・モーターズが大阪に設けた組み立て工場でつくられた「シボレー・フェートン」（1929年）。「フェートン」は、折りたたみ式の幌をもつオープンカーのよび名。

フォード・モーターが、横浜に設けた組み立て工場でつくった「フォード・モデルA」（1929年）。

7 国産自動車への挑戦

日本では明治時代から自動車の魅力にみせられた技術者が、手づくりで自動車の製造に挑戦。大正時代には自動車工業もはじまりましたが、性能面と価格面で輸入車に圧倒され、大きく成長することはできませんでした。

東京石川島造船所（→p21）が、イギリスのウーズレー社との技術提携のもと、1922年に国産化に成功した「ウーズレーA9型乗用車」。

新たな国産自動車

1923年、関東大震災が起こりました。その復興のために、自動車の需要がにわかに高まりました。しかし、当時、国内を走る自動車のほとんどは輸入車か、海外のメーカーと提携してつくられたクルマで、日本の自動車工業はまだまだでした。

すると、その状況を受けて、日本の国産車を大量に生産できるようにしなければならないという意見が出てきました。結果、日本政府が、国内の自動車メーカーへの支援を開始したのです。

三菱自動車の前身にあたる三菱造船が、イタリアのフィアットA3-3号を参考にして製作をはじめ、1919年に完成させた「三菱A型乗用車」。写真はレプリカ（複製）。

1932（昭和7）年、日産自動車の前身にあたるダット自動車製造が「ダットサン」を発表。1936（昭和11）年には、豊田自動織機製作所自動車部（いまのトヨタ自動車の前身）が「トヨダAA型乗用車」をつくりました。こうして、日本でも国産車の生産が本格的にはじまります。

日産自動車の前身にあたるダット自動車製造が、1932（昭和7）年に製造した「ダットサン11型フェートン」。

いまのトヨタ自動車の前身にあたる豊田自動織機製作所自動車部がはじめてつくった乗用車「トヨダAA型乗用車」。

戦争の足音とともに

　第二次世界大戦が近づくころになると、日本も軍事用トラックが必要となり、国の強力な後押しにより、自動車工業の育成がはかられました。国は、国産自動車の製作を促進するため、軍用車両の製造者に対して補助金を交付する法律を施行。その法律の下、軍の検定に合格した車両は「軍用保護自動車」とよばれました。それらの車両は、軍によって直ちに購入されるのではなく、平時においては民間で使用され、有事の際に徴用される方式でした。軍用保護自動車の第1号は、日野自動車の前身である東京瓦斯電気工業のつくった「TGE－A型」でした。

　以降、いすゞ自動車の前身である東京石川島造船所が1924年に「ウーズレーCP型1.5トントラック」を、1935年には日産自動車が「ダットサントラック」を、トヨタ自動車の前身である豊田自動織機製作所自動車部が「トヨダG1型トラック」を製作しました。

　現在のトヨタ、日産、いすゞ、日野などの自動車メーカーのルーツは、この時期に設立されています。

東京石川島造船所が1924年、イギリスのウーズレー社との提携のもと製作した「ウーズレーCP型1.5トントラック」。このトラックは軍用保護自動車に合格後、車名を「スミダ」に変更。

最初の軍用保護自動車となった東京瓦斯電気工業の「TGE－A型」（レプリカ）。

いまのトヨタ自動車がはじめてつくった「トヨダG1型トラック」。

日産自動車が「ダットサン」ブランドでつくったトラック（写真は1937年式のダットサントラック10T型）。

日本の自動車会社の創業

いまではよく知られている日本の自動車メーカーは、いつ創業したのでしょうか。また、町を走る車を見てみると、どの車にもメーカーのマークがついているのに気がつくでしょう。それぞれの自動車メーカーのマークをここで示しておきます。

おもな自動車会社の創業

ここでは、いまではよく知られている日本の自動車会社の創業のようすを見てみましょう。

トヨタ自動車

1933（昭和8）年、豊田喜一郎が豊田自動織機製作所に自動車部門を設置したのがはじまり。1937（昭和12）年、自動車部門はトヨタ自動車工業として独立し、いまのトヨタ自動車の歴史がはじまった。ハイブリッド技術で他社に先行。現在は日本最大の企業でもあり、世界でもトップクラスの自動車メーカー。日野自動車やダイハツ工業をグループ傘下に置く。

ハイブリッド車「プリウスZ」

日産自動車

1932（昭和7）年に国産小型乗用車「ダットサン」をつくったダット自動車製造を傘下に入れた戸畑鋳物（1910年設立）と、戸畑鋳物の設立者である鮎川義介が設立した会社「日本産業」が共同出資して、1933年に設立された「自動車製造」がはじまり。翌年、自動車製造は「日本産業」の100％出資会社となり、「日本産業」を略した「日産」を社名とする。「ダットサン」のブランドは日産が引き継いだ。

電気自動車「アリア」

ダイハツ工業

1907（明治40）年、発動機製造という社名で設立。1930（昭和5）年に自動車の生産をはじめ、オート三輪車メーカーとして発展し、1951（昭和26）年、現在の社名となる。現在の主力製品は軽自動車で、その生産と販売では最大手。現在はトヨタ自動車のグループ企業でもあることから、開発と販売でトヨタ自動車と連携するとともに、同社の乗用車の生産もおこなっている。

軽自動車「ミラ イース」

マツダ

広島県に拠点を置く自動車メーカー。はじまりは、1920（大正9）年創業の東洋コルク工業。1927（昭和2）年に社名を東洋工業と改め、工作機械に進出。1931（昭和6）年からは三輪トラックの生産を開始し、主力製品とする。1960年に同社初となる四輪自動車「T360クーペ」の発売を開始。現在の社名となったのは、1984（昭和59）年のこと。ロータリーエンジン*の独自開発で、世界的に知られる。

SUV[*1]「CX-30」

*1 SUVは、「スポーツ・ユーティリティ・ビークル（Sport Utility Vehicle）」の略で、「スポーツ用多目的車」と訳される。

いすゞ自動車

東京石川島造船所の自動車部門として出発。1918（大正7）年にイギリスのウーズレー社と提携し、自動車製造を開始。ディーゼルエンジン*の開発に注力していく。1937年に東京瓦斯電気工業を合併して、東京自動車工業を設立。1949（昭和24）年に現在の社名となる。トラックとバスの製造と販売をおこない、トラックでは最大手。また、ディーゼルエンジンの開発と製造もおこなっている。

小型トラック「エルフ」

本田技研工業

1946（昭和21）年、本田宗一郎が本田技術研究所として創業。1948年に本田技研工業を設立し、オートバイのエンジンと車体の一貫生産に乗りだす。通称は「ホンダ」。創業時から取り組んでいる二輪車で世界トップクラスの販売台数をほこる。1963（昭和38）年にスポーツカーと軽トラックを発売して、四輪車の製造に進出し、いまでは世界有数のメーカーとなっている。トヨタ自動車に続き、1999（平成11）年にハイブリッド車を発売。

ハイブリッド車「シビック」

スズキ

はじまりは1909（明治42）年設立の鈴木式織機製作所だが、自動車づくりに取り組んだのは第二次世界大戦後のこと。1954（昭和29）年、社名を鈴木自動車工業に改め、1990（平成2）年に現在の社名となった。小型車と二輪車の製造と販売が中心。1980年代、多くの自動車メーカーがアメリカ中心に海外進出をおこなうなか、早くからインドに進出したこともあり、いまではインドで販売される四輪車の4割ほどをスズキが占めている。

小型乗用車「スイフト」

SUBARU

1953（昭和28）年に「富士重工業」として設立。前身は1931（昭和6）年設立の航空機メーカー・中島飛行機。現在は自動車のほかにも、飛行機の翼や胴体の一部を生産している。自動車のブランド名「スバル」は、六連星ともよばれる星団の名前。1958（昭和33）年発売の軽乗用車「スバル360」（→2巻p9）は大ヒットし、日本の自家用車の時代を切り開いたといわれている。2017年に社名を「株式会社SUBARU」に変更。

SUV「レイバック」

三菱自動車工業

1970（昭和45）年、三菱重工業の自動車部門が独立して設立された新しい会社だが、自動車の生産の歴史は古く、1919（大正8）年の乗用車「三菱A型」（→p20）の生産にさかのぼる（当時の会社名は三菱造船）。軽自動車やSUVなど、幅広い車種の製造と販売に取り組んでいる。

プラグインハイブリッド*2自動車「アウトランダー」

三菱ふそうトラック・バス

はじまりは古く、1932（昭和7）年、「B46型ガソリンバス『ふそう』」の製造にさかのぼる（当時の会社名は三菱造船）。2003（平成15）年、三菱自動車工業のトラック・バス事業の独立により現在の会社が設立された。現在は、ドイツを本拠地とする商用車メーカー「ダイムラートラック」のグループ企業となり、トラック、バス、産業用エンジンの開発と製造をおこなっている。

電気小型トラック「eCanter」

日野自動車

1910（明治43）年設立の東京瓦斯工業（1913年に東京瓦斯電気工業に社名変更）がはじまり。1942（昭和17）年、いすゞ自動車の前身の東京自動車工業から分かれて、日野重工業として設立された。1999（平成11）年に現在の社名に。トラックとバスの製造と販売をおこなう会社としては、いすゞ自動車とならび最大手。トヨタ自動車のグループ企業として、同社からの委託で乗用車なども生産している。三菱ふそうトラック・バスとの経営統合が予定されている。

大型トラック「日野プロフィア」

UDトラックス

1935（昭和10）年に日本デイゼル工業として創業。1960（昭和35）年、日産ディーゼル工業に社名変更。2007（平成19）年、スウェーデンに本拠を置くボルボ・グループ入りし、2010（平成22）年にUDトラックスに社名変更。2021（令和3）年にいすゞ自動車のグループ企業となった。現在は、大型トラックを中心に、世界60か国以上でビジネスを展開している。

大型トラック「クオン」GWトラクター

*2 コンセントから直接充電できるハイブリッド自動車。

9 黄金時代をむかえるアメリカ

第二次世界大戦が終わり、勝利した連合軍のリーダー・アメリカは、自国が戦場にならなかったこともあって、経済が好調となり、自動車の製造と販売も急速に拡大していきました。

豊かさや強さの象徴・キャデラック

　朝鮮戦争がはじまった1950年には、アメリカで生産された自動車（四輪車）は約800万台。これは、世界全体の生産台数が1000万台強だった時代、世界の自動車の8割近くがアメリカでつくられたことを意味します。同年のアメリカの自動車保有台数は5000万台近くで、人口が1億5千万人ほどだったため、アメリカでは約3人に1人が自動車をもっていたことになります。

　このように、1950年代のアメリカの自動車工業は、まさに黄金時代！　戦後の好景気にささえられ、国民の所得が増え、消費も増大していました。

　国土の広いアメリカでは、大きなエンジンの大型車が大人気となり、自動車のデザインが注目されるようになります。なかでも、ゼネラル・モーターズ（→p17）の「キャデラック」やフォード・モーターの「サンダーバード」が、国の豊かさや強さを象徴する高級車として多くのアメリカ人から支持されました。

ビッグスリーの実力

アメリカでは、1950年代、比較的小さな自動車会社のいくつかは、フォード・モーター、ゼネラル・モーターズ、クライスラーのビッグスリーによる市場の支配に加わろうと試みて失敗し、そのほとんどが1960年代にビッグスリーによって吸収合併されていきました。

また、第二次世界大戦前は、カーデザインは専門業者に任せるのが一般的でしたが、ビッグスリーは、毎年開催するようになったモーターショーに向けて、未来的なデザインの自動車を製作・展示するなどして、その実力を世界に示しました。

巨大なテールフィン*が後部に見られる、ゼネラル・モーターズの「キャデラック エルドラド ビアリッツ」(1959年)。

フォード・モーターの「サンダーバード」(1957年)。

もっとくわしく！

アメリカ自動車工業のかげり

1950年代のヨーロッパ各国は、アメリカとはちがって（日本と同じく）小型の乗用車の開発と生産に力を入れた。

1970年代になると、アメリカでも「キャデラック」に象徴される高級大型車のブームがしだいに影をひそめていった。その理由のひとつとして、ヨーロッパや日本から入ってきた小型乗用車の人気がどんどん高まっていったことがあげられる。さらに、1973年のオイルショック（→2巻）でガソリンの値段が高騰し、大型で燃費の悪いアメリカの自動車は、大きな打撃を受けた。

その結果、アメリカの自動車工業には、かげりが見えはじめたのだ。

*航空機の垂直尾翼をかたどったものを乗用車の後部につけたデザイン。

10 戦争に敗れたドイツやイタリア

第二次世界大戦で戦場となったヨーロッパでは、日本とともに敗戦国となったドイツやイタリアはもちろんのこと、戦勝国のフランスやイギリスでも、自動車工業の復旧には時間がかかりました。

ドイツは早くも

ドイツでは、1945年、フォルクスワーゲン（→p14）が生産を再開。終戦からわずか2年後の1947年には、輸出をおこなうほどになりました。日本の自動車工業の復活よりもずっと早かったといわれています。

また、ドイツに占領されていたフランスでは、1946年にルノー（→p14）が、1948年にはシトロエン（→p14）が、新しいモデルの自動車を発表しました。イタリアでは、少しおくれて1950年にフィアット（→p15）が、新しいモデルの自動車を発表しました。イギリスでも1959年には、現在も世界中で人気のMINIの初代モデルがオースチンから発表されました。ヨーロッパ各国で自動車生産が復活しました。

このように、それぞれの国で、戦後の混乱から国を再建する上で、自動車工業が大きな役割を果たしていたのです。

フランス ルノー4CV
©Rundvald

フランス シトロエン2CV
©Thesupermat

イタリア フィアット500

イギリス MINI
©De Facto

日本も自動車生産が解禁される

第二次世界大戦中、日本の自動車産業は軍需目的の生産・流通がおこなわれていました。

日本は敗戦により連合国軍総司令部（GHQ）の占領下に置かれ、さまざまな産業活動は制限を受けました。とくに自動車産業は軍需と強い関係があったため、きびしい管理化に置かれました。

しかし、日本は戦災で、船舶、鉄道、自動車などの輸送機関は壊滅状態でした。鉄道復旧には時間がかかるため、陸路の輸送は自動車による復興が望まれました。また、戦前・戦中の軍需目的から、政府が自動車産業を保護育成していたこともあり、日本には自動車の生産設備や技術の蓄積がありました。

GHQは1945年9月に、日本政府に対してトラックに限り、月産1500台の生産を許可しました。そこで、いすゞ、日産、トヨタはトラックの生産を再開しました。次いで、1947年6月末にGHQは小型乗用車の生産を許可。まず排気量1500cc以下の小型乗用車の年間300台と大型乗用車の年間50台の製造が許可されました。

すべての車種について生産制限が解除されたのは、1949年10月になってからでした。日本の自動車メーカーの多くは、ヨーロッパやアメリカの自動車メーカーと提携し、最新の技術を学び、大衆に喜ばれる自動車をつくっていきました（→2巻p7）。

日産自動車が1955年に発表した小型乗用車の「ダットサンセダン110型」（写真左）と、1957年に発売した「ダットサントラック220型」（写真下）。

日産自動車がイギリスのオースチンとの提携で生産した「日産オースチンA50型」（1959年）。

日野自動車がフランスのルノーとの提携で生産した「日野ルノーPA62型」（1962年）。

数字で見る当時の自動車工業

このページでは、この巻で見てきた第二次世界大戦直後までの世界と日本の自動車産業をまとめる意味で、生産台数などを表やグラフで見ていきます。

世界の自動車生産台数

世界の自動車生産は、19世紀にはヨーロッパが先行し、1900年の世界の自動車生産台数は約1万台で、最大の生産国はフランスでした。1910年代にアメリカで大量生産がはじまりましたが、先行していたヨーロッパでは二度の世界大戦により生産は低迷。結果、アメリカが、1950年代まで世界の自動車の8〜9割を生産するという独占状態でした。当時の日本はというと、生産台数は3万台ほどしかありませんでした。

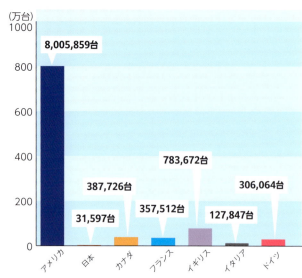

● おもな国の自動車生産台数（1950年）

国	台数
アメリカ	8,005,859台
日本	31,597台
カナダ	387,726台
フランス	357,512台
イギリス	783,672台
イタリア	127,847台
ドイツ	306,064台

出典：World Motor Vehicle Data 2007

デトロイトに1923年に建てられたゼネラル・モーターズのかつての本社。当時は世界で2番目に大きいオフィスビルだった。現在はアメリカ合衆国国定歴史建造物に指定されている。

第二次世界大戦後の自動車生産

戦後、各国で自動車の大量生産が軌道に乗りはじめるにつれ、自動車生産におけるアメリカのシェアは下がっていきました。

1950年代には、イギリス、次いでフランス、西ドイツが復興。1960年代に後発の日本でも自動車生産が本格化し、1970年代には日本がシェアを伸ばしていきました（→くわしくは2巻）。

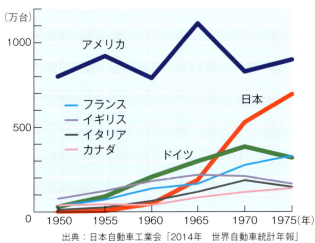

●おもな国の自動車生産台数の推移

出典：日本自動車工業会「2014年 世界自動車統計年報」

日本の自動車保有の状況は？

戦後、日本の自動車保有台数は増加し、1955年度末に約150万台だったものが、5年後の1960年度末には2倍以上の340万台に増えています。

下は、用途別の保有台数を示したもの。全体のなかで、トラックおよび軽自動車の占める割合が大きいのがわかります。

●用途別自動車保有台数　　　　　　　　　　　　　　　　　　　　　　　　　　　　　単位：台

年度末	保有台数計	トラック	乗用車	バス	特殊用途車[*1]	小型2輪車	大型特殊車[*1]	軽自動車[*2]
1955	1,501,740	693,012	157,802	35,162	32,116	50,682	1,971	530,995
1960	3,403,768	1,321,601	440,417	57,770	64,701	50,018	9,551	1,459,710

出典：『昭和39年度運輸白書』

[*1] 特殊用途車とは、救急車・消防車のように特殊の用途に使用される自動車。大型特殊車とは、ロードローラー、ブルドーザのように特殊の構造をもつ自動車のこと。
[*2] 四輪車・三輪車・二輪車をふくむ。当時の軽自動車の規格は[排気量360cc以下、長さ3.0m以下、幅1.3m以下、高さ2.0m以下]だった。

1954年に東京の日比谷公園内で開催された「第1回全日本自動車ショウ」。出品社は254社、出品車両は267台だったが、乗用車はわずか17台。展示車のほとんどは、トラック、バス、軽自動車、オートバイなどだった。車は庶民にとっては「夢のまた夢」といわれた。

用語解説

本文中の★マークのついた言葉を解説しています。
（⋯⋯2）は、その言葉が最初に出てくるページを示しています。

四輪車 ⋯⋯⋯⋯⋯⋯⋯⋯⋯⋯⋯⋯⋯⋯⋯ 2
二輪の単車に対して、四輪の自動車のこと。四輪車は、いわゆるふつうの自動車のことだが、三輪の自動車もある。二輪車は、いわゆるオートバイのこと。日本自動車工業会などでは、四輪車と二輪車を分けて統計をとっている。

日本自動車工業会 ⋯⋯⋯⋯⋯⋯⋯⋯⋯ 2
1967年に、乗用車、トラック、バス、二輪車などの生産メーカーによって設立された団体。自動車の生産・輸出および市場に関する調査・研究、ならびに各種統計など関連資料の作成・刊行をおこなっている。正式名称は「一般社団法人日本自動車工業会」。略称はJAMA。

バリアフリー ⋯⋯⋯⋯⋯⋯⋯⋯⋯⋯⋯ 3
もともとは建築用語で、「バリア（障壁）」を「フリー（のぞく）」という意味から、障がいのある人や高齢者などが生活のなかで感じる不便や困り事をなくすこと。また、具体的に障がいを取り除いた事物および状態をさす。

ばい煙 ⋯⋯⋯⋯⋯⋯⋯⋯⋯⋯⋯⋯⋯⋯ 8
物質の燃焼にともなって発生し、排出される煙と「すす」のこと。多くの場合、石炭・石油・燃料ガス・木質などを燃料として燃やすと発生する。

ミシュラン ⋯⋯⋯⋯⋯⋯⋯⋯⋯⋯⋯⋯ 11
フランスにあるヨーロッパ最大のタイヤメーカー。1889年にアンドレ・ミシュランとエドゥアール・ミシュラン兄弟が設立。世界で最初に自動車用空気入りタイヤをつくった。現在では、ホテル・レストランを星の数で格付けする『ミシュランガイド』を発行していることでも知られる。

モンマルトルの丘 ⋯⋯⋯⋯⋯⋯⋯⋯⋯ 14
海抜180mのパリで一番高い丘で、パリのまちなみを一望できる。現在は、世界中からの観光客が訪れる人気の観光地となっている。

ルノー4CV ⋯⋯⋯⋯⋯⋯⋯⋯⋯⋯⋯⋯ 14
車名の「4CV」は「4馬力」を意味するが、これは実際のエンジン出力ではなく、フランスのかつての自動車課税基準である「課税馬力（Cheval fiscal）」のカテゴリのうちの「4CV」に相当することに由来する。Chevalは、フランス語で「馬」の意味。

6気筒 ⋯⋯⋯⋯⋯⋯⋯⋯⋯⋯⋯⋯⋯⋯ 17
気筒とは、エンジンの燃焼機関となる金属製の筒のこと。シリンダーともよばれる。基本的に大型車やスポーツカーは気筒数が多く、排気量も多い。現在、軽自動車は3気筒が主流で、乗用車は2気筒から8気筒が一般的。

ロータリーエンジン ⋯⋯⋯⋯⋯⋯⋯⋯ 22
ガソリンエンジンは、ガソリンと空気をまぜた気体を、吸入・圧縮・燃焼・排気の4つの行程をくりかえし、そのときに生み出されるエネルギーを回転する力にかえ、タイヤを回す。ロータリーエンジンは、この4つの行程を回転式ローターによっておこなう。

ディーゼルエンジン ⋯⋯⋯⋯⋯⋯⋯⋯ 23
ガソリンエンジンは、ガソリンを燃料とするのに対し、ディーゼルエンジンは着火性のよい軽油を燃料としている。熱をエネルギーにかえる効率がよく、タイヤを回転させる力が高いので、トラックなどのエンジンにつかわれている。

連合国軍総司令部（GHQ） ⋯⋯⋯⋯⋯ 27
GHQは、General Headquarters of the Supreme Commander for the Allied Powersの略称。
第二次世界大戦の日本の敗戦（1945年）から1952年にいたる連合国軍の日本占領期間中、東京に置かれた最高司令部。占領政策の実施にあたって絶対的な権限をもち、日本政府に司令を出して、日本民主化の諸改革をおこなった。

さくいん

あ行

アメリカ	12, 13, 16, 17, 24, 25, 28, 29
アロー号	18
イギリス	7, 8, 9, 12, 14, 15, 20, 21, 23, 26〜29
いすゞ（自動車）	21, 23, 27
イタリア	14, 15, 17, 20, 26, 28, 29
ウーズレー社	20, 21, 23
円太郎	19
オイルショック	25
オースチン	15, 26, 27
オートバイ	10, 12, 15, 18, 23, 29

か行

ガソリンエンジン自動車（ガソリンエンジン車）	8, 9, 10, 11, 12, 18
関東大震災	19, 20
キャデラック	17, 24, 25
キュニョー	6, 7
空気入りタイヤ	11
クライスラー	15, 17, 25
軍用保護自動車	21
軽自動車	22, 29
後輪駆動方式（FR方式）	11
国産吉田式自動車	18
国民車構想	15

さ行

産業革命	6, 7
サンダーバード	24, 25
三輪	6, 10
自動車レース	11
シトロエン	14, 15
シボレー・フェートン	19
ジャメ・コンタント号	9
蒸気自動車	6, 7, 8, 9, 11, 12
スズキ	23
SUBARU	23
スバル360	23
世界金融危機	17
ゼネラル・モーターズ	16, 17, 19, 24, 25
前輪駆動方式（FF方式）	14

た行

ダイハツ工業	22
ダイムラー	10, 11, 15, 23
ダイムラー・ベンツ社	11, 15, 17
タクリー号	18
ダットサン	20, 21, 22, 27
T型フォード	13, 16, 17
デトロイト	16
電気自動車	8, 9, 11, 12, 22
ドイツ	8, 10, 12, 14, 15, 17, 26, 28, 29
東京瓦斯電気工業	21, 23
東京石川島造船所	20, 21
豊田自動織機製作所自動車部	20, 21, 22
トヨタ（自動車）	20, 21, 22, 23, 27

な行

日産オースチンA50型	27
日産（自動車）	20, 21, 22, 23, 27
日本	2, 3, 18〜23, 25, 27〜29
二輪車	10, 23

は行

ハイブリッド	22, 23
パナール・ルヴァソール	11
BMW	15
ビッグスリー	17, 25
日野（自動車）	21, 22, 23, 27
フィアット	15, 17, 20, 26
フォード・モーター	13, 16, 17, 19, 24, 25
フォード・モデルA	19
フォードシステム	13, 15, 16
フォルクスワーゲン	14, 15, 26
プジョー・シトロエン	14
フランス	6, 9, 11, 12, 14, 15, 17, 18, 26〜29
ベンツ	10, 11
本田技研工業	23

ま行

マツダ	22
ミシュラン	11
三菱A型乗用車	20, 23
三菱自動車工業	23
三菱ふそうトラック・バス	15, 23
メルセデス・ベンツ	11, 15

や行

山羽式蒸気自動車	18
UDトラックス	23
四輪車	2, 10, 12, 22, 23, 24

ら行

ルノー	14, 26 27

■監修
鎌田　実（かまた　みのる）
一般財団法人日本自動車研究所 代表理事・研究所長、東京大学名誉教授、公益社団法人自動車技術会名誉会員。
1959年生まれ。1987年東京大学大学院工学系研究科舶用機械工学専攻博士課程修了（工学博士）。1990年東京大学・講師。1991年同・助教授、2002年同・教授。2009年東京大学高齢社会総合研究機構・機構長。2013年東京大学大学院新領域創成科学研究科人間環境学専攻・教授。専門は、車両工学、人間工学、福祉工学。国土交通省交通政策審議会委員、自動車局車両安全対策検討会座長、環境省中央環境審議会専門委員などを歴任。
2020年より現職。

■著
稲葉　茂勝（いなば　しげかつ）
1953年、東京都生まれ。東京外国語大学卒。編集者としてこれまでに1500冊以上の著作物を担当。自著も100冊を超えた。近年子どもジャーナリスト（Journalist for Children）として活動。2019年にNPO法人子ども大学くにたちを設立し、同理事長に就任して以来「SDGs子ども大学運動」を展開している。

■編
こどもくらぶ（担当：石原尚子）
あそび・教育・福祉の分野で子どもに関する書籍を企画・編集している。図書館用書籍として年間100タイトル以上を企画・編集している。主な作品は、「未来をつくる！ あたらしい平和学習」全5巻、「政治のしくみがよくわかる 国会のしごと大研究」全5巻、「海のゆたかさをまもろう！」全4巻、「『多様性』ってどんなこと？」全4巻（いずれも岩崎書店）など多数。

この本の情報は2024年9月までに調べたものです。今後変更になる可能性がありますので、ご了承ください。

■デザイン・制作
（株）今人舎（矢野瑛子）

■写真協力
・トヨタ博物館：p11中、p13、p14下、p16、p17左上、p18左・下、p19右中・左下、p20左・右下、p24、p27左・右下
・トヨタ産業技術記念館：はじめに、p21左下
・トヨタ自動車株式会社：p22左上
・いすゞ自動車株式会社：p20右上、p21右上、p23左上
・日産自動車株式会社：p22左下、p27左上・右上
・株式会社矢野特殊自動車：p18上
・日本自動車博物館：p19右下
・ダイハツ工業株式会社：p22上
・マツダ株式会社：p22下
・本田技研工業株式会社：p23左2段目
・スズキ株式会社：p23左3段目
・株式会社SUBARU：p23左下
・三菱自動車工業株式会社：p23右上
・三菱ふそうトラック・バス株式会社：p23右2段目
・日野自動車株式会社：p23右3段目
・UDトラックス株式会社：p23右下

■表紙写真
（表1）
・トヨタ博物館
・©Roby
（表4）
・トヨタ博物館

夢か現実か日本の自動車工業　①世界と日本の自動車工業の歴史を調べよう！

NDC537

2024年11月30日　第1刷発行

監修　鎌田　実
著　稲葉茂勝
編　こどもくらぶ
発行者　小松崎敬子
発行所　株式会社 岩崎書店　〒112-0014　東京都文京区関口2-3-3 7F
　　　　　電話　03-6626-5082（編集）　03-6626-5080（営業）
印刷所　広研印刷株式会社　　製本所　大村製本株式会社

©2024 Inaba Shigekatsu
Published by IWASAKI Publishing Co., Ltd. Printed in Japan.
岩崎書店ホームページ　https://www.iwasakishoten.co.jp
ご意見、ご感想をお寄せ下さい。E-mail　info@iwasakishoten.co.jp
落丁本、乱丁本は送料小社負担でおとりかえいたします。
本書のコピー、スキャン、デジタル化等の無断複製は著作権法上での例外を除き禁じられています。本書を代行業者等の第三者に依頼してスキャンやデジタル化することは、たとえ個人や家庭内での利用であっても一切認められておりません。朗読や読み聞かせ動画の無断での配信も著作権法で禁じられています。

32p 29cm×22cm
ISBN978-4-265-09198-0

夢か現実か 日本の自動車工業

監修・**鎌田実** 日本自動車研究所 所長
著・**稲葉茂勝** 子どもジャーナリスト
編・こどもくらぶ

全6巻

1. 世界と日本の自動車工業の歴史を調べよう！
2. 現代の国際社会における日本の自動車工業
3. 見てみよう！ 日本の自動車の仕組みと工場
4. 人や物をのせるだけではない！ 自動車の役割
5. いま日本の自動車工業がかかえる課題とは？
6. 日本の自動車工業からは目がはなせない！